Mariette Barra

MES PREMIERS PAS
EN FRANÇAIS

illustrations : Wanda Ricciuti

HACHETTE

Bonjour,
je m'appelle
Paul Martin.

J'habite à Lyon.

J'ai une soeur.
Elle s'appelle

Virginie.

J'ai un chat.
Il s'appelle
Robinson.

© Hachette, Paris 1990
© Nardini Editore - Centro Internazionale del Libro - Firenze
ISBN 2.01.016175.0

Bonjour,
je m'appelle
Virginie Martin.

J'habite à Lyon.

J'ai un frère.
Il s'appelle Paul.

J'ai
une tortue.

Elle s'appelle Concorde.

Nous avons
une grande
maison.

Maman
est vétérinaire.

Elle a des clients:

un mouton,

une vache,

une souris,

un chien,

un poisson rouge

et ... un boa.

Un gratte-ciel.

Une usine.

Une église.

Un pont.

Un hôpital.

Papa
est
dessinateur.

J'ai une soeur.

Tu as un frère.

Il a un chat.

Elle a une tortue.

Nous avons

une grande maison.

Vous avez une petite maison.

Ils ont des gâteaux.

Elles ont des fleurs.

Qui
a un chat?

....

Qui
a une tortue?

....

Qui a une grande
maison?

....

JEU

Papa

et maman

travaillent à la maison.

Nous allons à l'école.

Au revoir, maman. Au revoir
papa.

Voici notre classe.

Nous avons
un maître.

Il s'appelle Jean Dupont.

Il est sévère.

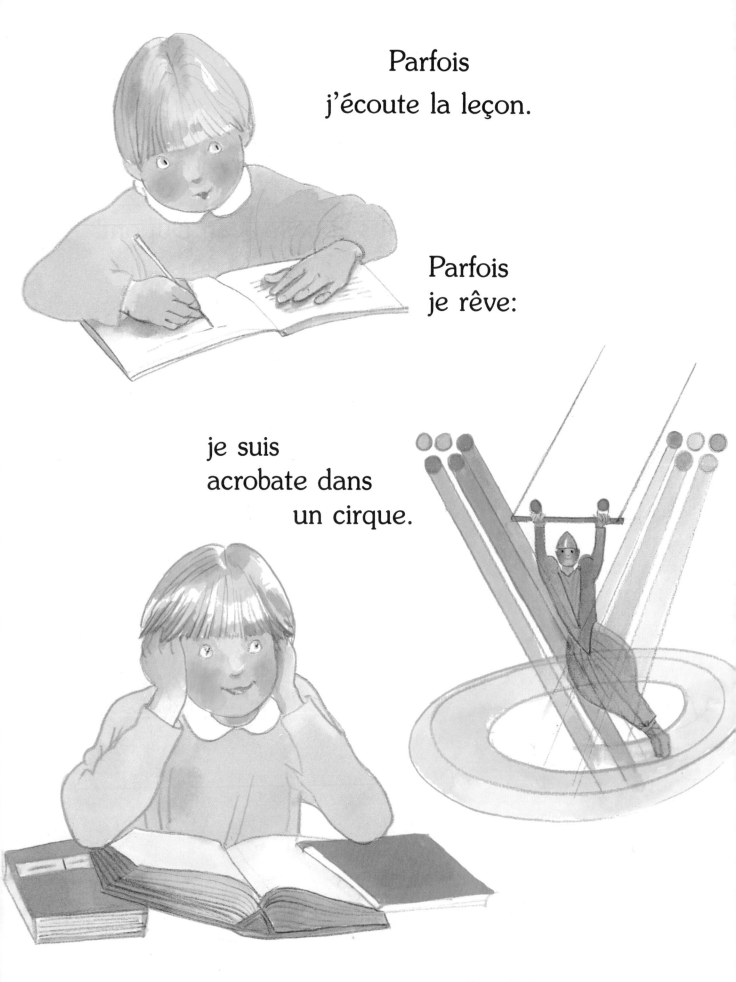

Parfois
j'écoute la leçon.

Parfois
je rêve:

je suis
acrobate dans
un cirque.

Parfois
j'écoute la leçon.

Parfois
je rêve:

j'ai une ferme en Afrique.

Je suis blond,

Je suis
un
garçon.

je suis grand,

parfois charmant,

parfois méchant.

Je suis
une fille.

Je suis rousse,

je suis grande,

parfois
charmante,

parfois
méchante.

Robinson

Concorde

est lente.

est rapide.

Robinson et Concorde
sont des animaux.

Nous sommes
des enfants.

Oui, vous êtes
des animaux.

Tu es
une fille.

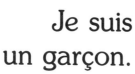 Je suis
un garçon.

Elle est lente.

Il est
rapide.

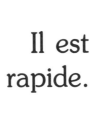 

Nous
sommes
des enfants.

Vous
êtes
blonds.

Elles sont méchantes.

Ils sont
charmants.

CHANSON

Ah!
vous dirai-je,
maman.

Après l'école
        j'achète une
        glace au citron.

J'aime
        la glace au citron.

19

La glace à la fraise
est rouge.

La glace à l'orange
est orange.

La glace
au citron
est jaune.

La glace
à la rose
est rose.

La glace
au chocolat
est marron.

J'aime la glace
à la menthe.

J'aime maman et papa.

J'aime
le cirque.

J'aime
Robinson.

22

Aimes-tu la salade?

Oui, j'aime la salade.

Aimes-tu Robinson?

Oh! Non!

Paul,
Virginie,

à
la
douche!

Allez!
Allez!

Lave-toi:

le front,
les yeux,

le nez,

les oreilles,

la bouche,

les
joues,

le cou.

Et les dents!

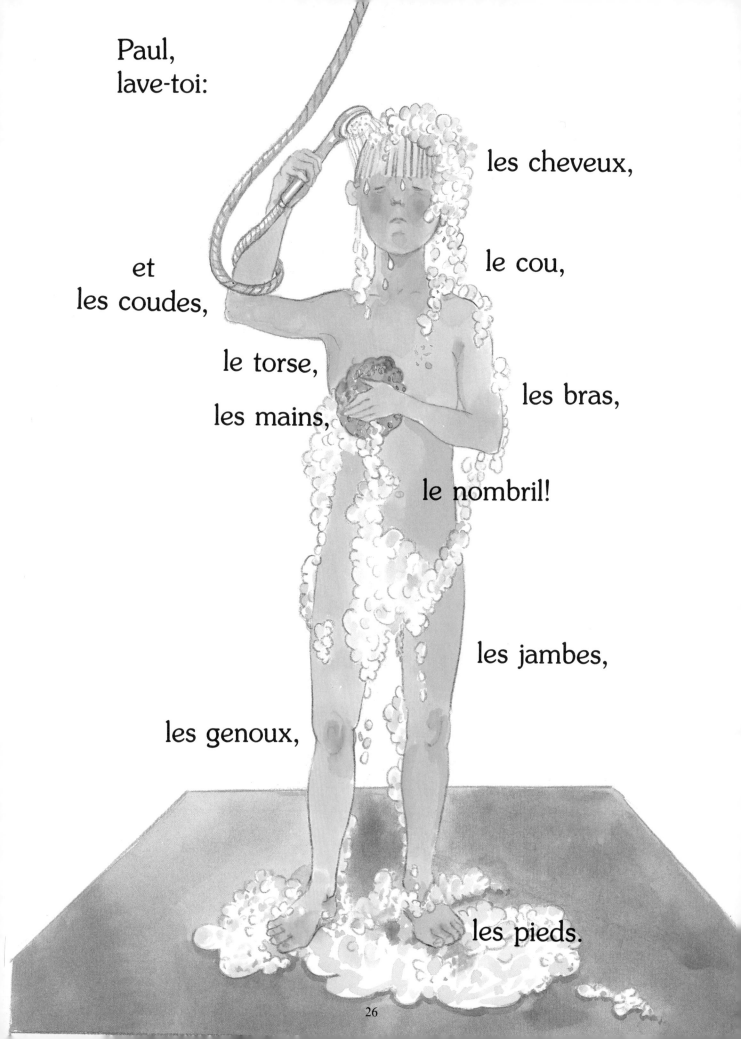

Paul,
lave-toi:

les cheveux,

le cou,

et
les coudes,

le torse,

les bras,

les mains,

le nombril!

les jambes,

les genoux,

les pieds.

J'aime
la glace
au citron.

Tu aimes
la glace
à la fraise.

Il aime le poisson.

Elle aime la salade.

Nous aimons les gâteaux.

Vous aimez
les fleurs.

Ils aiment la neige.

Elles aiment
le chocolat.

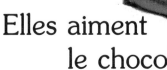

De quelle
couleur est la neige?

....

De quelle
couleur est la fraise?

....

De quelle
couleur est le citron?

....

COMPTINE

Le petit
    chat gris
        a un gros chagrin.

J'ai

deux yeux,

un nez,
une bouche,

trois poches,

quatre
bonbons jaunes,

cinq
souris
blanches.

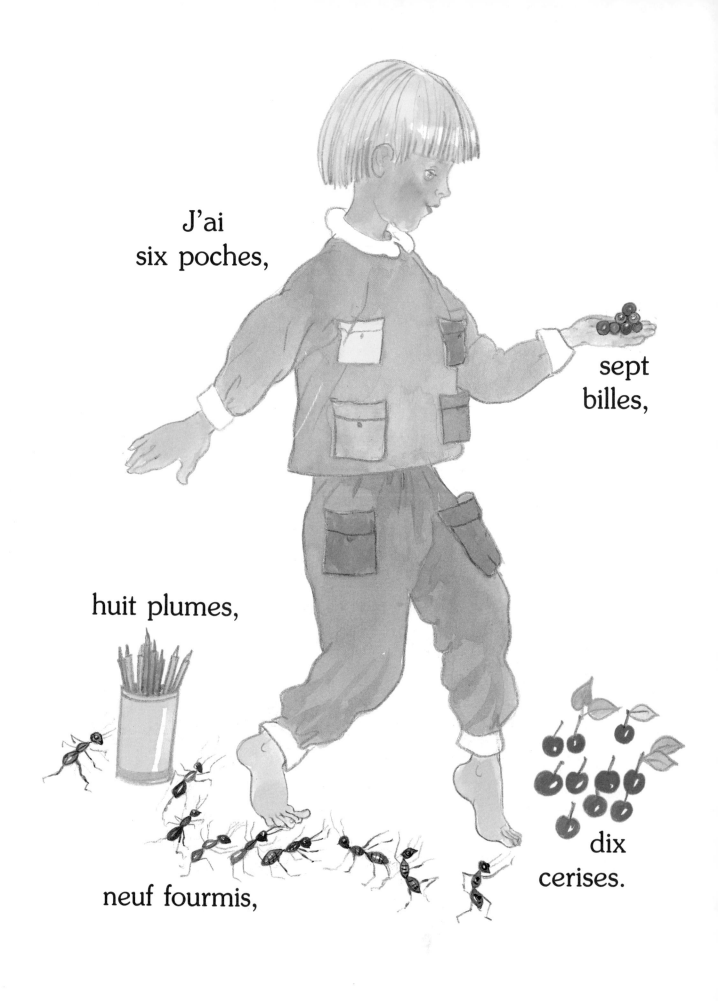

J'ai
six poches,

sept
billes,

huit plumes,

neuf fourmis,

dix
cerises.

Leçon de calcul

$$10 + 1 = 11 \quad \text{onze}$$

$$10 + 2 = 12 \quad \text{douze}$$

$$10 + 3 = 13 \quad \text{treize}$$

$$10 + 4 = 14 \quad \text{quatorze}$$

$$10 + 5 = 15 \quad \text{quinze}$$

$$10 + 6 = 16 \quad \text{seize}$$

$$10 + 7 = 17 \quad \text{dix-sept}$$

$$10 + 8 = 18 \quad \text{dix-huit}$$

$$10 + 9 = 19 \quad \text{dix-neuf}$$

$$10 + 10 = 20 \quad \text{vingt}$$

1 2 3 3 5 5 7 7 8 9 9 10 11 12 13 14 13 16 16 19
2 2 3 4 4 4 6 6 6 7 8 9 10 11 12 12 14 15 14 18 15 19 16 20
5 5 6 6 7 8 10 11 13 15 17 17 18 20 17

C'est l'anniversaire de maman.
Elle a trente ans.

Bon anniversaire, maman!
Bon anniversaire, ma chérie!

Quel âge a la maman
de Paul et Virginie?
Elle a trente ans.

Quel âge a Paul?
Il a sept ans.

Quel âge a Virginie?
Elle a sept ans.

Quel âge a Concorde?
Quarante ans? Cinquante?
Soixante?
Soixante-dix?
Quatre-vingts?
Quatre-vingt-dix?
Cent?????!!!!

Elle est
vieille,
très vieille.

COMPTINE

Un, deux, trois,
je m'en vais au bois.
Quatre, cinq, six,
cueillir des cerises.
Sept, huit, neuf,
dans mon panier neuf.

Dix, onze, douze,
les cerises sont
toutes rouges.

Un panier
neuf.

Un vieux
panier.

34

Quel âge as-tu?

....

Quel âge a la maman de Paul et Virginie?

....

Quel âge a Paul?

....

Combien de bonbons a Virginie?

....

Combien de billes a Paul?

....

De quelle couleur sont les yeux de Paul?

....

De quelle couleur sont les dents de Virginie?

....

CHANSON

Savez-vous
planter
les choux?

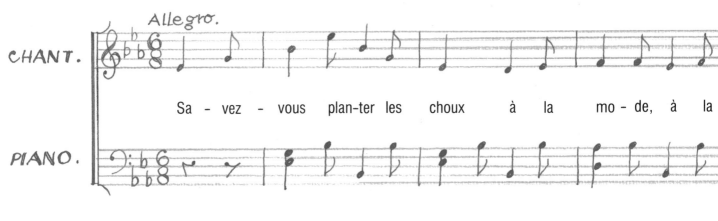

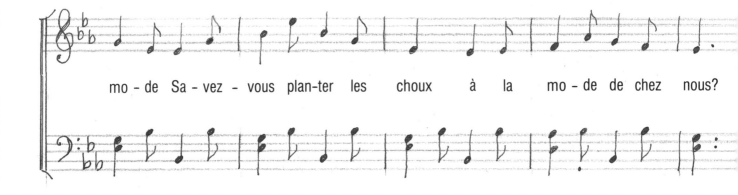

On les plante avec le pied,
A la mode, à la mode,
On les plante avec le pied,
A la mode de chez nous.

On les plante avec la main,
A la mode, à la mode,
On les plante avec la main,
A la mode de chez nous.

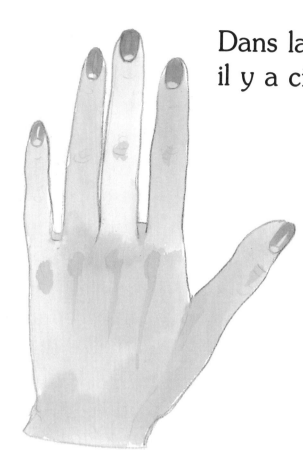

Dans la main
il y a cinq doigts.

Dans la bouche
il y a trente-deux
dents.

Dans le panier
il y a Robinson.

Dans la boîte
il y a ...
un diable!

Dans la semaine il y a sept jours.

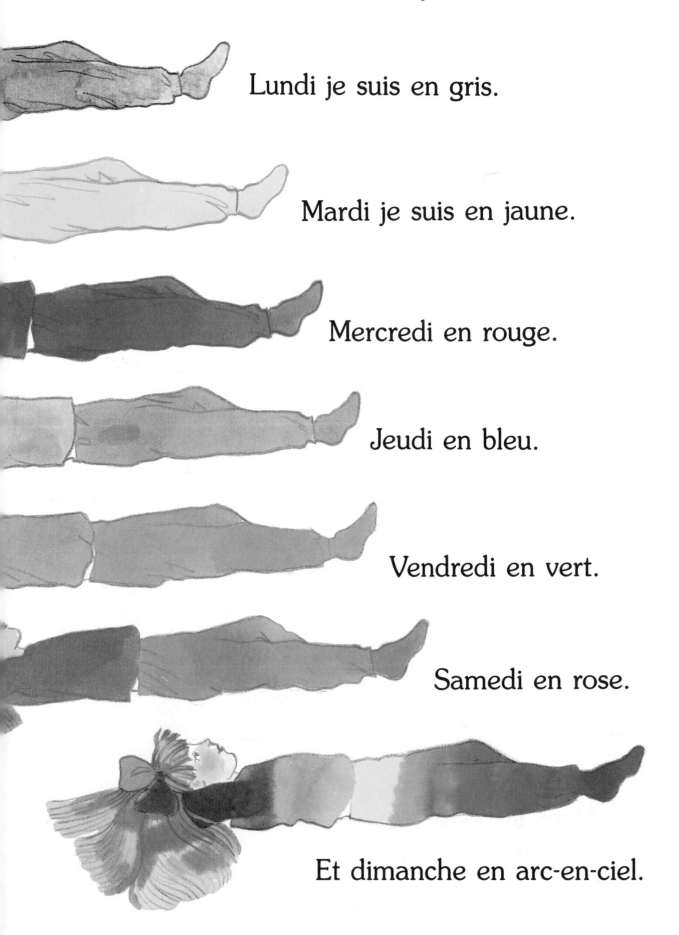

Lundi je suis en gris.

Mardi je suis en jaune.

Mercredi en rouge.

Jeudi en bleu.

Vendredi en vert.

Samedi en rose.

Et dimanche en arc-en-ciel.

Le bocal est sur l'armoire.

Dans le bocal il y a
un poisson rouge.

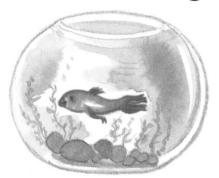

Les livres
sont sur la table.

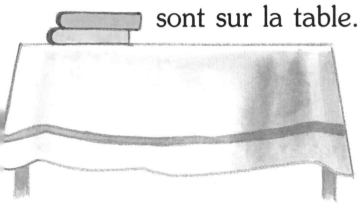

Sur
les livres
il y a
un pot
de fleurs.

Sur le pot de fleurs
il y a ... Robinson.

Sous le lit
il y a une
souris
grise.

Dans un an il y a quatre saisons.

Le printemps
vivant, remuant, charmant.

L'été

tout doré.

L'automne

monotone.

L'hiver
un peu amer.

Où est le bocal?

....

Où est le poisson rouge?

....

Où sont les livres?

....

Combien de saisons y a-t-il dans un an?

....

Combien de jours y a-t-il dans la semaine?

....

Qui est sous le lit?

....

Qui est dans le panier?

....

COMPTINE

Bonjour, Madame Lundi,

comment va Madame Mardi?

Très bien,
Madame
Mercredi;

dites
à
Madame
Jeudi

de venir
vendredi

danser
samedi

dans
la salle
de Dimanche.

POESIE

Chanson d'automne.

Les sanglots longs
Des violons
        De l'automne
Blessent mon coeur
D'une langueur
        Monotone.

Paul Verlaine

Voici la ronde
des mois. Dans un an
il y a douze mois:

janvier,

février,

mars,

avril,

mai,

juin,

juillet,

août,

septembre,

octobre,

novembre,

décembre ...

Dans une semaine
nous partons en vacances.

Où
allons-
nous?

A la mer!
J'aime la mer!
A la mer!
J'adore la mer!

A la montagne!
J'adore la montagne!

A la montagne!
J'aime la montagne!

A la campagne!

Nous allons en vacances

à la campagne
chez nos amis

Vincent et Christine Lévert.

Voici une photo de la ferme
de Vincent et Christine.

Le poulailler

L'étable

Le cochon

Le pigeon

La poule

L'écurie

La vache

Le cheval

Le mouton

Le dindon

Le canard

La chèvre

L'âne

Le lapin

Je vais à la montagne.
Tu vas à la mer.
Il va à l'école.
Elle va à l'église.
Nous allons à l'hôpital.
Vous allez à la ferme.
Ils vont à l'usine.
Elles vont au cinéma.

POESIE

J'aime l'âne ...

J'aime l'âne si doux
marchant le long des houx.

Il prend garde aux abeilles
et bouge ses oreilles.

Il va près des fossés,
d'un petit pas cassé.

Il réfléchit toujours.
Ses yeux sont en velours.

Il est l'âne si doux
marchant le long des houx.

Francis
Jammes

La famille Martin
prend le train.

Où est Concorde?
Dépêche-toi Concorde!

En voyage.

J'ai chaud.
J'ai froid.
J'ai soif.
J'ai faim.
J'ai sommeil.
Patience!
Nous arrivons.

Bonjour!
Comment ça va?

Que tu es grand!
Que tu es belle!

Arbre

Rivière

Champ

Poisson

Tracteur

Epouvantail

Oiseau

Coquelicot

Blé

Qui a froid?

....

Qui a soif?

....

Qui a faim?

....

Qui a sommeil?

....

Qui a un gros chagrin?

....

Qui est rapide?

....

Qui est lente?

....

COMPTINE

Une poule sur un mur

qui picote du pain dur

picoti, picota

lève la queue

et puis s'en va.

Le petit-déjeuner.

Sucre

Confiture

Café

Pain

Tasse

Cuillère

Couteau

Assiette

Qui veut du lait?

Le pique-nique.

Papa a pêché
une vieille
chaussure!

Bon
appétit!

Je suis bien au lit.

Bonne nuit,
  maman.

Bonne nuit.
Dors bien.

Bonne nuit,
  ma chérie.

CHANSON

Quand Margo - ton se rend au mou-lin, fi-lant sa quenouille de lin, elle monte sur son â-ne, Ah! l'âne! Ah! l'âne! Ah! l'â - ne! Elle monte sur son âne Mar-tin pour s'en al-ler au mou - lin.

Margoton
et
son âne.

Je dors.
Tu dors.
Il dort.
Elle dort.
Nous dormons.
Vous dormez.
Ils dorment.
Elles dorment.

La belle au bois
dormant.

CHANSON

Frère Jacques.

66

POESIE

Impression
fausse.

Dame souris
trotte
noire dans
le gris
du soir,

dame
souris
trotte,
grise
dans
le noir.

Paul Verlaine

La nuit

Les étoiles

La lune

Les nuages

La neige

Les arbres

Les collines

Les ombres

Le jour

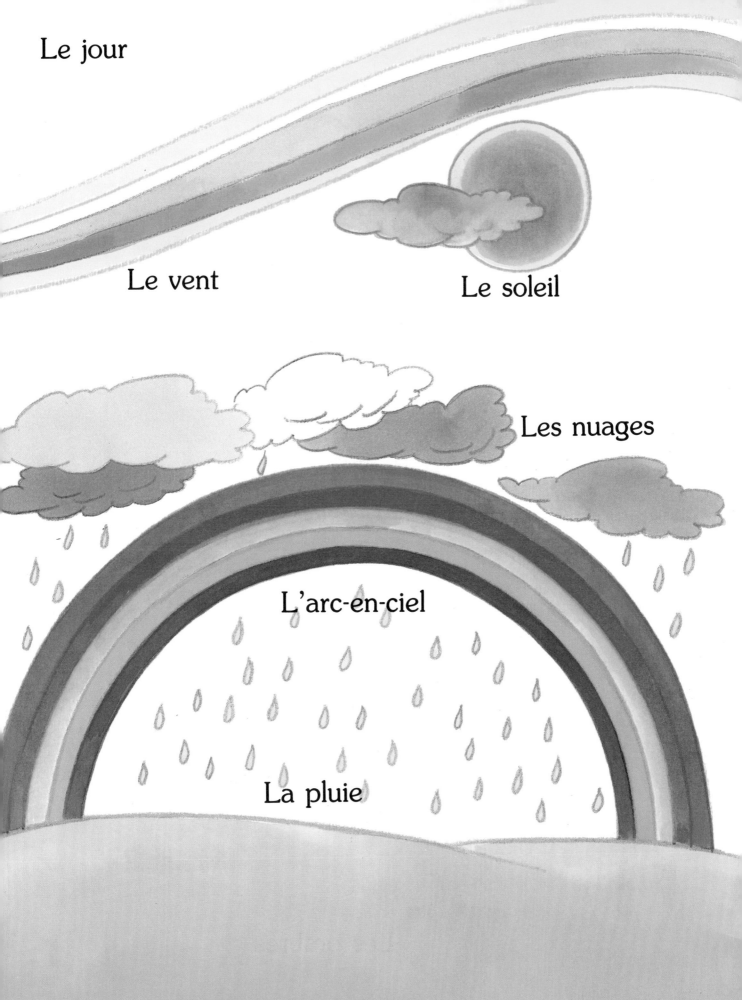

Le vent

Le soleil

Les nuages

L'arc-en-ciel

La pluie

La nature

Les hirondelles

Les fleurs roses

Les fleurs jaunes

Le nid

L'oiseau

La nature

La libellule

Les églantines

Les papillons

Les violettes

Les marguerites

Une heure

Deux heures

Trois heures

Quatre heures

Cinq heures

Six heures

Sept heures

Huit heures

Neuf heures

Dix heures

Onze heures

Douze heures

ille (une)	bee	Biene	abeja	(η) μέλισσα
ète (j')	see "acheter"	siehe "acheter"	ver "acheter"	δες « acheter »
eter	to buy	kaufen	comprar	αγοράζω
bate (un/une)	acrobat	Akrobat	acróbata	ακροβάτης
re (j')	see "adorer"	siehe "adorer"	ver "adorer"	δες « adorer »
rer	to adore	schrecklich gern mögen	encantar	λατρεύω
adore la mer	– I adore the sea	– Ich liebe das Meer	– Me encanta el mar.	-λατρεύω τη θάλασσα
(un)	age	Alter	edad	ηλικία
uel âge a Paul ?	– How old is Paul ?	– Wie alt ist Paul ?	– ¿Qué edad tiene Paul ?	-πόσων χρονών είναι ο Παύλος ;
er	to love	lieben, mögen	gustar	αγαπώ
r	to go	gehen, fahren	ir	πηγαίνω
z !	go on !	hier : Los !	¡vamos!	πηγαίνετε ! εμπρός !
s	well then	Na !	pues	λοιπόν
r, amère	bitter	bitter – Der Winter ein	amargo	πικρός-ο χειμώνας
hiver un peu amer	– A rather cheerless winter	bisschen trostlos	– El invierno un poco triste	(είναι) λιγο βαρύς
e (un/une)	friend	Freund	amigo	(ο) φίλος
un)	year	Jahr	año	χρόνος, έτος
a 7 ans	– He's 7 years old	– Er ist 7 Jahre alt	– Tiene 7 años	-είναι επτά χρονών
est l'anniversaire de maman :	– It's mummy's birthday.	– Es ist Mamas Geburtstag.	– Es el cumpleaños de mama.	-είναι τά γενεθλια της
a trente ans.	She's thirty years old today.	Sie wird 30.	Cumple treinta años.	μαμάς, είναι τριάντα χρονών
(un)	donkey	Esel	burro	(ο) γάϊδαρος
nal (un), animaux (des)	animal	Tier	animal	(το) ζώο
iversaire (un)	birthday	Geburtstag - Herzlichen	cumpleaños	γενέθλια
on anniversaire !	– Happy birthday !	Glückwunsch zum Geburtstag !	– ¡Feliz cumpleaños !	-χρόνια πολλά
t	August	August	agosto	Αύγουστος
étit (l')	appetite	Appetit	apetito	η) όρεξη
on appétit !	– Enjoy your meal !	– Guten Appetit !	– ¡Buen provecho !	-καλη όρεξη
s	after	nach	después de	μετά
e (un)	tree	Baum	árbol	(το) δέντρο
en-ciel (un)	rainbow	Regenbogen	arco iris	(το) ουράνιο τόξο
oire (une)	cupboard	Schrank	ropero	(η) ντουλάπα
ver – Nous arrivons	to arrive – We're arriving	ankommen – Wir kommen an	llegar – Ya llegamos	φτάνω-φτάνουμε
ette (une)	plate	Teller	plato	(το) πιάτο
evoir !	goodbye !	auf Wiedersehen !	hasta luego	αντίο ! στοεπανιδείν !
mne (l')	autumn	Herbst	otoño	(το) φθινόπωρο
	with	mit	con	με
r	to have	haben	tener	έχω
	April	April	abril	Απρίλης

u, belle	handsome, beautiful	schön	bonito	ωραίος
ue tu es belle !	– How beautiful you are !	– Was bist du schön !	– ¡Qué bonita estás !	-Τι ωραία που είσαι !
elle au bois dormant (la)	– Sleeping Beauty	– Dornröschen	– La bella durmiente del bosque	-η ωραία κοιμωμένη
	well	gut	bien	καλά
suis bien au lit	– It's nice in bed	– es geht mir gut im Bett	– ¡Qué bien estoy en la cama !	-Τι καλά που΄μαι στο κρεββάτι
ors bien	– Sleep well !	– Schlaf gut !	– Que duermas bien !	-κοιμησου καλά
a va très bien	– Things are fine	– Es geht sehr gut	– Muy bien	-είναι πολύ καλά
e (une)	a marble	Murmel	canica	(η) μπίλλια
c, blanche	white	weiss	blanco	άσπρος
(le)	wheat	Weizen	trigo	(το) σιτάρι
sent (ils/elles)	see "blesser"	siehe "blesser"	ver "blesser"	δες « blesser »
ser	to wound	verletzen	lastimar	πληγώνω
, bleue	blue	blau	azul	μπλέ
d, blonde	blond	blond	rubio	ξανθός
(un)	boa	Boa	boa	(ο) βόας
al (un)	goldfish bowl	Glas, Glasbehälter	tarro	(η) γυάλα
(un)	wood	Wald	bosque	(το) δάσος
e (une)	box	Schachtel	caja	(το) κουτί
, bonne	good	gut	bueno, buena	καλός
on anniversaire !	– Happy birthday !	– Herzlichen Glückwunsch zum Geburtstag !	– ¡Feliz cumpleaños !	-χρόνια πολλά
on appétit !	– Enjoy your meal !	– Guten Appetit	– ¡Buen provecho !	-καλή όρεξη
onne nuit !	– Good night !	– Gute Nacht !	– Buenas noches	-καλή νύχτα
bon (un)	a sweet	Bonbon	caramelo	(το) ζαχαρωτό

bonjour ! – Bonjour, Madame Lundi	hello ! – Good morning, Mrs Monday	guten Tag ! – Guten Tag, Frau Montag	¡hola ! – Buenos días, señora Lunes	καλημέρα ! -καλημέρα, κυρία Δευτέρα
bouche (la)	mouth	Mund	boca	(το) στόμα
bouge (il/elle)	see "bouger"	siehe "bouger"	ver "bouger"	δες « bouger »
bouger	to move	bewegen	mover	κουνάω
bras (le)	arm	Arm	brazo	(το))μπράτσο
buffet (un)	buffet	Buffet	fonda	εστιατόριο σταθμού

C

café (le)	coffee	Kaffee	café	(ο) καφές
ça va ?	How's things ?	geht's gut ?	¿Qué tal ?	είσαι καλά ;
calcul (le)	arithmetic	Rechnen, Rechnung	cálculo	(η) αριθμητική
calme – Du calme !	calm – Quieten down !	Ruhe – Immer mit der Ruhe !	tranquilo – ¡Tranquilo !	ηρεμία -ήσυχα !
campagne (la)	country	Land	campo	(η) εξοχή
canard (un)	duck	Ente	pato	(η) πάπια
cassé, cassée	halting	gebrochen, hier : vorsichtig	roto	αβέβαιος, που τρέμει
cerise (une)	cherry	Kirsche	cereza	(το) κεράσι
c'est	it's	das ist/sind	es	είναι
chagrin (un)	sorrow	Kummer	pena	(η) στενοχώρια
champ (un)	field	Feld	campo	(το) χωράφι
chanson (une)	song	Lied	canción	(το) τραγούδι
charbon (le)	coal	Kohle	carbón	(το) κάρβουνο
charmant, charmante	charming	charmant	encantador	χαριτωμένος
chat (un)	cat	Katze	gato	(η) γάτα
chaud – J'ai chaud	hot – I'm hot	heiss – mir ist heiss	caliente – Tengo calor	(η) ζέστη-ζεσταίνομαι
chaussure (une)	shoe	Schuh	zapato	(το) παπούτσι
chéri, chérie	darling	Schatz	querido	γλυκιά μου
cheval (un)	horse	Pferd	caballo	(το) άλογο
cheveux (les)	hair	Haare	pelo	(τα) μαλλιά
chèvre (une)	goat	Ziege	cabra	(η) κατσίκα
chez – A la mode de chez nous	at somebody's house – The way we do it at home	bei, zu – Auf unsere Art und Weise	a/en/de casa de – como nosotros	στο σπιτι κάποιου -κατά τή συνήθεια της περιοχής μας
chien (un)	dog	Hund	perro	(ο) σκύλος
chocolat (le)	chocolate	Schokolade	chocolate	(η) σοκολάτα
chou (un)	cabbage	Kohl	repollo	(το) λάχανο
cinéma (un)	cinema	Kino	cine	(ο) κινηματογράφος
cirque (un)	circus	Zirkus	circo	(το) τσίρκο
citron (un)	lemon	Zitrone	limón	(το) λεμόνι
classe (une)	class	Klasse	clase	(η) τάξη
client, e (un/une)	patient	Patient	cliente	(ο) πελάτης
cochon (un)	pig	Schwein	cerdo	(το) γουρούνι
cœur (le)	heart	Herz	corazón	(η) καρδιά
colline (une)	hill	Hügel	colina	(ο) λόφος
combien	how many	wieviel, wie viele	cuánto	πόσοι
comment ça va ? – Comment va Madame Mardi ?	How are you ? – How is Mrs Tuesday ?	wie geht's – Wie geht's Frau Dienstag ?	¿Qué tal ? – ¿Cómo está la señora Martes ?	πώς τα πάς -άτε ; -Τι κάνει η κυρία Τρίτη ;
comptine (une)	nursery rhyme	Abzählvers	canción infantil	(το) « α μπε μπα μπλόμ »
confiture (la)	jam	Marmelade	mermelada	(η) μαρμελάδα
coquelicot (un)	poppy	Klatschmohn	amapola	(η) παπαρούνα
corps (le)	body	Körper	cuerpo	(το) σώμα
cou (le)	neck	Hals	cuello	(ο) λαιμός
couché, couchée !	lie down !	liegend, hier : Platz !	echado, acostado	Ξάπλωσε !
coucher (le)	bedtime	Schlafen gehen	acción de acostar o acostarse	ώρα γιά ύπνο
coude (le)	elbow	Ellbogen	codo	(ο) αγκώνας
couleur (une) – De quelle couleur est la neige ?	colour – What colour is the snow ?	Farbe – Welche Farbe hat der Schnee ?	color – ¿De qué color es la nieve ?	(το) χρώμα -Τί χρώμα έχει το χιόνι ;
couteau (un)	knife	Messer	cuchillo	(το) μαχαίρι
cueillir	to pick	pflücken	recoger	μαζεύω
cuillère (une)	spoon	Löffel	cuchara	(το) κουτάλι

D

dame (une) – Dame Souris	lady – Mistress Mouse	Frau, Dame – Frau Maus	dama, señora – "Doña Ratona"	(η) κυρία-η κυρία ποντικίνα
dans	in	in	en	μέσα, σε
danser	to dance	tanzen	bailar	χορεύω

mbre	December	Dezember	diciembre	Δεκέμβρης
(la)	tooth	Zahn	diente	(το) δόντι
che-toi !	hurry up !	beeil dich !	¡date prisa !	Βιάσου ! κάνε γρήγορα !
inateur (un)	draughtsman	Zeichner	dibujante	(ο) σχεδιαστής
le (un)	jack-in-the-box	Teufel	diablo	(ο) διάβολάκος
nche (le)	Sunday	Sonntag	domingo	(η) κυριακή
on (un)	turkey	Truthahn	pavo	(ο) γάλλος
à...	tell...	sagen Sie (zu)...	dígale a	Πειτε στην...
t (le)	finger	Finger	dedo	(το) δάχτυλο
, dorée	golden	golden	dorado	χρυσός
ut doré	– all golden	– ganz golden	– (completamente) dorado	-ολόχρυσος
nir	to sleep	schlafen	dormir	κοιμάμαι
che (une)	shower	Dusche	ducha	(το) ντούς
a douche !	– Go and have a shower !	– unter die Dusche	– ¡a la ducha !	-στό ντους
x, douce	gentle	sanft	dulce	γλυκός
dure	hard	hart	duro	σκληρός

E

(l')	water	Wasser	agua	(το) νερό
au de mer	– sea water	– Meerwasser	– agua de mar	-το νερό της θάλασσας
e (une)	school	Schule	escuela	(το) σχολείο
te (j')	see "écouter"	siehe "écouter"	ver "écouter"	δες « écouter »
ter	to listen	zuhören	escuchar	ακούω
ie (une)	stable	Pferdestall	caballeriza	(ο) σταύλος
ntine (une)	wild rose	Heckenrose	gavanza	(το) άγριο τριαντάφυλλο
se (une)	church	Kirche	iglesia	(η) εκκλησία
nt (un)	child	Kind	niño	(το) παιδί
vantail (un)	scarecrow	Vogelscheuche	espantapájaros	(το) σκιάχτρο
	and	und	y	και
le (une)	cowshed	Stall	establo	(το) βουστάσιο
l')	summer	Sommer	verano	(το) καλοκαίρι
e (une)	star	Stern	estrella	(το) αστέρι
is	and then	und dann	y luego	κι έπειτα
	to be	sein	estar	είμαι

F

(la) – J'ai faim	hunger – I'm hungry	Hunger – ich habe Hunger	hambre – Tengo hambre	(η) πείνα-πεινάω
lle (une)	family	Familie	familia	(κ) οικογένεια
, fausse	false	falsch	falso, falsa	λαθεμένος
e (une)	farm	Bauernhof	granja	(η) φάρμα
er	February	Februar	febrero	Φλεβάρης
(une)	girl	Mädchen	niña	(το) κορίτσι
r (une)	flower	Blume	flor	(το) λουλούδι
é (un)	ditch	Graben	zanja	(το) χαντάκι
mi (une)	ant	Ameise	hormiga	(το) μυρμήγκι
e (une)	strawberry	Erdbeere	fresa	(κ) φράουλα
çais (le)	French	Französisch	francés	(τα) γαλλικά
e (un)	brother	Bruder	hermano	(ο) αδελφός
d – J'ai froid	cold – I'm cold	kalt – mir ist kalt	frío – Tengo frío	(το) κρύο-κρυώνω
t (le)	forehead	Stirn	frente	(το) μέτωπο

G

on (un)	boy	Junge	varón	(το) αγόρι
au (un)	cake	Kuchen	pastelillo	(το) γλυκό
ou (le)	knee	Knie	rodilla	(το) γόνατο
e (une)	icecream	Eis	helado	(το) παγωτό
d, grande	big, tall	gross	grande	μεγάλος, ψηλός
e grande personne	– a grown-up	– ein Erwachsener	– Una persona mayor	-μεγάλος άνθρωπος
e tu es grand !	– How tall you are !	– Was bist du gross !	– ¡Qué alto estás !	-τι ψηλός που είσαι;
te-ciel (un)	skyscraper	Wolkenkratzer	rascacielos	(ο) ουρανοξύστης
, grise – Je suis en gris	grey – I'm dressed in grey	grau – ich bin grau angezogen	gris – Me visto de gris	γκρίζος- φοράω γκρίζα
, grosse	big	dick	gordo, grande	χοντρός
n gros chagrin	– (to feel) sorry for oneself	– ein grosser Kummer	– Una gran pena	-μεγάλη στενοχώρια

LEXIQUE

H

habite (j')	see "habiter"	siehe "habiter"	ver "habiter"	δες « habiter »
habiter	to live	wohnen	vivir	κατοικώ
heure (une)	hour	Uhr	hora	(η) ώρα
hirondelle (une)	swallow	Schwalbe	golondrina	(το) χελιδόνι
hiver (l')	winter	Winter	invierno	(ο) χειμώνας
hôpital (un)	hospital	Krankenhaus	hospital	(το) νοσοκομείο
houx (le)	holly	Stechpalme	acebo	(το) βελανίδι

I

il y a – Dans la main, il y a cinq doigts – Dans le panier, il y a Robinson	there is/are – There are five fingers to a hand – Robinson is in the basket	es gibt – An einer Hand sind fünf Finger – In dem Korb ist Robinson	hay – En la mano, hay cinco dedos – En la cesta, está Robinson	υπάρχει-Το χέρι έχει πέντε δάχτυλα -Μέσα στο πανέρι, είναι ο Ρομπινσονας
impression (une)	impression	Eindruck	impresión	(η) εντύπωση

J

jambe (la)	leg	Bein	pierna	(η) γάμπα
janvier	January	Januar	enero	Γενάρης
jaune	yellow	gelb	amarillo	κίτρινος
– Je suis en jaune	– I'm dressed in yellow	– ich bin gelb angezogen	– Me visto de amarillo	φοράω κίτρινα
jeu (un)	game	Spiel	juego	(το) παιχνίδι
jeudi (le)	Thursday	Donnerstag	jueves	(η) Πέμπτη
joue (la)	cheek	Wange	mejilla	(το) μάγουλο
jour (un)	day	Tag	día	(η) ημέρα
juillet	July	Juli	julio	Ιούλιος
juin	June	Juni	junio	Ιούνιος

L

lait (le)	milk	Milch	leche	(το) γάλα
langueur (la)	listlessness	Wehmut	languidez	θλίψη, μαρασμός
lapin (un)	rabbit	Kaninchen	conejo	(το) κουνέλι
se laver	to wash	sich waschen	lavarse	πλένομαι
lave-toi !	see "se laver"	siehe "se laver"	ver "se laver"	δες « se laver »
leçon (une)	lesson	Lektion	clase	(το) μάθημα
le long de	along	entlang	a lo largo de	δίπλα
lent, lente	slow	langsam	lento	αργός
lève (il/elle)	see "lever"	siehe "lever"	ver "lever"	δες « lever »
lever	to lift up	heben	levantar	σηκώνω
libellule (une)	dragonfly	Libelle	libélula	έντομο του βάλτου
lit (un)	bed	Bett	cama	(το) κρεββάτι
livre (un)	book	Buch	libro	(το) βιβλίο
long, longue	long	lang	largo	μακρύς
lundi (le)	Monday	Montag	lunes	(η) Δευτέρα
lune (la)	moon	Mond	luna	(το) φεγγάρι

M

Madame – Comment va Madame Mardi ?	Mrs – How is Mrs Tuesday ?	Frau – Wie geht es Frau Dienstag ?	señora – ¿Como está la señora Martes ?	κυρία-πώς πάει η κυρία Τρίτη ;
mai	May	Mai	mayo	(ο) Μάης
main (la)	hand	Hand	mano	(το) χέρι
maison (une) – à la maison	house – at home	Haus – zu Hause	casa – en casa	(το) σπίτι-στο σπίτι
maître (un)	teacher	Lehrer	maestro	(ο) δάσκαλος
maman (une)	mummy	Mama	mamá	(η) μαμά
m'appelle (je)	see "s'appeler"	siehe "s'appeler"	ver "s'appeler"	δες « s'appeler »
mardi (le)	Tuesday	Dienstag	martes	(η) Τρίτη
marguerite (une)	daisy	Margerite	margarita	(η) μαργαρίτα
marron	brown	kastanienbraun	marrón	καφέ
mars	March	März	marzo	Μάρτης
méchant, méchante	naughty	böse	malo	κακός

76

en vais (je)	see "s'en aller"	siehe "s'en aller"	ver "s'en aller"	δες « s'en aller »
nthe (la)	spearmint	Minze	menta	(η) μέντα
r (la)	sea	Meer	mar	(η) θάλασσα
rcredi (le)	Wednesday	Mittwoch	miércoles	(η) Τετάρτη
de de chez nous (à la)	the way we do it at home	(auf) unsere Art und Weise	como nosotros	(κατά τη) συνήθεια στον τόπο μας
is (un)	month	Monat	mes	(ο) μήνας
n	my	mein	mi	δικός μου
notone	dreary	monoton	monótono	μονότονος
ntagne (la)	mountain	Berg	montaña	(το) βουνό
e vais à la montagne	– I'm going to the mountains	– Ich fahre in die Berge	– Voy a la montaña	-πηγαίβω στο βουνό
uton (un)	sheep	Schaf	oveja	(το) πρόββατο
r (un)	wall	Mauer	tapia, pared	(ο) τοίχος

N

ure (la)	Nature	Natur	naturaleza	(η) φύση
ge (la)	snow	Schnee	nieve	(το) χιόνι
uf, neuve	new	neu	nuevo	καινούργιος
z (le)	nose	Nase	nariz	(η) μύτη
(un)	nest	Nest	nido	(η) φωλιά πουλιού
r, noire	black	schwarz	negro	μαύρος
mbril (le)	navel	Bauchnabel	ombligo	(ο) αφαλός
n	no	nein	no	όχι
s	our (plur.)	unsere (Plural)	nuestros	τους δικούς μας
re	our (sing.)	unser (Singular)	nuestro	ο δικός μας
vembre	November	November	noviembre	Νοέμβρης
ge (un)	cloud	Wolke	nube	(το) σύννεφο
t (la)	night	Nacht	noche	(η) νύχτα
onne nuit !	– Good night !	– Gute Nacht !	– Buenas noches	-καληνύχτα

O

tobre	October	Oktober	octubre	Οκτώβρης
eau	bird	Vogel	pájaro	(το) πουλί
bre (une)	shadow	Schatten	sombra	(η) σκιά
nge	orange	orange	anaranjado	πορτοκαλής
nge (une)	an orange	Orange	naranja	(το) πορτοκάλι
ille (une)	ear	Ohr	oreja	(το) αυτί
ù	where	wo, wohin	donde	πού
i	yes	ja	sí	ναί

P

n	bread	Brot	pan	(το) ψωμί
ier (un)	basket	Korb	cesta	(το) πανέρι
a (un)	daddy	Papa	papá	(ο) μπαμπάς
illon (un)	butterfly	Schmetterling	mariposa	(χ) πεταλούδα
fois	sometimes	manchmal	a veces	μερικές φορές
tir	to leave	abfahren	irse	φεύγω
Nous partons en vacances	– We're off on holiday	– Wir fahren in Ferien	– Nos vamos de vacaciones	-φεύγονμε (εμείς) διακοπές
tons (nous)	see "partir"	siehe "partir"	ver "partir"	δες « partir »
s (un)	step	Schritt	paso	(το) βήμα
ience !	Be patient !	Geduld !	¡paciencia!	υπομονὴ !
cher	to fish	angeln	pescar	ψαρεύω
apa a pêché	– Daddy's caught an	– Papa hat einen alten	– Papá ha pescado	-Ο μπαμπάς ψάρεψε ενα
e vieille chaussure	old shoe	Schuh geangelt	un zapato viejo	παληό παπούτσι
it, petite	small	klein	pequeño	μικρός
it-déjeuner (un)	breakfast	Frühstück	desayuno	(το) πρωινό (φαγητό)
u (un) – Un peu plus de	little – a little more	wenig – ein bisschen mehr	poco – un poco más de	λίγο-λίγο περισσότερο
oto (une)	photo	Foto	foto	(η) φωτογραφία
no (un)	piano	Klavier	piano	(το) πιάνο
ote (il/elle)	see "picoter"	siehe "picoter"	ver "picoter"	δες « picoter »
oter	to peck	aufpicken	picotear	τσιμπάω
d (le)	foot	Fuss	pie	(το) πόδι

pigeon (un)	pigeon	Taube	paloma	(το) περιστέρι
pique-nique (un)	picnic	Picknick	pícnic	(το) πικ-νικ
plaisir (un)	pleasure	Freude, Vergnügen	alegría	(η) ευχαρίστηση
planter	to plant	pflanzen	plantar	φυτεύω
pluie (la)	rain	Regen	lluvia	(η) βροχή
plume (une)	feather	Feder	pluma	(η) πέννα
plus de – Un peu plus de	more – a little more	mehr – ein bisschen mehr	más – un poco más de	περισσότερο-λίγο περισσότερο
poche (une)	pocket	Tasche	bolsillo	(η) τσέπη
poésie (une)	poem	Gedicht, Poesie	poesía	(η) ποίηση
poisson (un)	fish	Fisch	pez	(το) ψάρι
– Un poisson rouge	– Goldfish	– ein Goldfisch	– pez de colores	-κοκκινόψαρο
– Il aime le poisson	– He likes fish	– er isst gern Fisch	– Le gusta el pescado	-του αρέσει το ψάρι
pont (un)	bridge	Brücke	puente	(η) γέφυρα
pot de fleurs (un)	pot of flowers	Topf Blumen	maceta	(το) βάζο για λουλούδια
poulailler (un)	henhouse	Hühnerstall	gallinero	(το) κοτέτσι
poule (une)	hen	Huhn	gallina	(η) κότα
premier, première	first	erster	primero	πρώτος
prend garde (il/elle)	see "prendre garde"	siehe "prendre garde"	ver " prendre garde"	δες « prendre garde »
prendre – prendre garde	to take – to watch out for	nehmen – sich in acht nehmen	tomar – tener cuidado	παίρνω-φυλάγομαι
près de	near	nah bei/zu	cerca de	κοντά
présentation (une)	introduction	Vorstellen	presentación	(η) παρουσίαση
printemps (le)	Spring	Frühling	primavera	(η) άνοιξη

Q

quel, quelle –De quelle couleur est la neige ?	what – What colour is the snow ?	welcher – Welche Farbe hat der Schnee ?	qué – ¿De qué color es la nieve ?	ποιός -Τι χρώμα εχει το χιόνι ;
– Quel âge a Virginie ?	– How old is Virginia ?	– Wie alt ist Virginie ?	– ¿Qué edad tiene Virginie ?	-Πόσων χρονών είναι η Βιργινία ;
– Quel plaisir de vous voir !	– How nice to see you !	– Welch eine Freude, euch zu sehen !	– !Qué alegria veros !	-Τι χαρά που σας βλεπω ;
question (une)	question	Frage	pregunta	(η) ερώτηση
queue (la)	tail	Schwanz	cola	(η) ουρά
qui	who	wer	que, quién	ποιός ;
– Qui a un chat ?	– Who has got a cat ?	– Wer hat eine Katze ?	– ¿Quien tiene un gato ?	-ποιός έχει μια γάτα ;
– Une poule qui picote...	– A hen which is pecking...	– Ein Huhn, das... aufpickt.	– Una gallina que picotea	-Μια κότα η οποία τσιμπολογάει

R

rapide	fast	schnell	rápido	γρήγορος
réfléchir	to think	nachdenken	pensar	σκέπτομαι
réfléchit (il/elle)	see "réfléchir"	siehe "réfléchir"	ver "réfléchir"	δες « réfléchir »
remuant, remuante	stirring	immer in Bewegung	bullicioso	ζωηρός
rêve (je)	see "rêver"	siehe "rêver"	ver "rêver"	δες « rêver »
rêver	to dream	träumen	soñar	ονειρεύομαι
rivière (une)	river	Fluss	río	(το) ποτάμι
ronde (une)	a round	Runde	corro	(ο) κύκλος
rose	pink	rosa	rosado	ροζ
rose (une)	a rose	Rose	rosa	(το) τριαντάφυλλο
rouge	red	rot	rojo	κόκκινος
roux, rousse	ginger	rothaarig	pelirrojo	κοκκινομάλλης

S

salade (la)	lettuce	Salat	lechuga	(η) σαλάτα
saison (une)	season	Jahreszeit	estación	(η) εποχή
salé, salée	salty	salzig	salado	αλμυρός
salle (une)	room	Saal	sala	(η) σάλα
salut !	hello !	Hallo !	¡hola !	Γειά !
samedi (le)	Saturday	Samstag	sábado	(το) Σάββατο
sanglot (un)	sobbing	Schluchzen	sollozo	(ο) λυγμός
s'appelle (il/elle)	see "s'appeler"	siehe "s'appeler"	ver "s'appeler"	δες « s'appeller »
s'appeler	to be called	heissen	llamarse	ονομάζομαι
savez-vous... ?	see "savoir"	siehe "savoir"	ver "savoir"	δες « savoir »
savoir	to know	wissen, können	saber	ξέρω

aine (une)	week	Woche	semana	(η) εβδομάδα
aller	to go off	weggehen	irse	φεύγω
m'en vais au bois	– I'm off to the woods	– Ich gehe in den Wald	– Me voy al bosque	-Φεύγω για το δάσος
va	see "s'en aller"	siehe "s'en aller"	ver "s'en aller"	δες « s'en aller »
embre	September	September	septiembre	Σεπτὲμβρης
ère	strict	streng	severo	αυστηρός
	so	so	tan	τόσο
r (une)	sister	Schwester	hermana	(η) αδελφή
(la) – J'ai soif	thirst – I'm thirsty	Durst – Ich habe Durst	sed – Tengo sed	(η) δίψα-διψὰω
(le)	evening	Abend	tarde, noche	(το) βραδάκι
eil (le)	sun	Sonne	sol	(ο) ήλιος
meil (le)	sleep	Schlaf, Müdigkeit	sueño	(η) νύστα
ai sommeil	– I'm sleepy	– ich bin müde	– Tengo sueño	-νυστάζω
	his/her	sein/ihr	su	ο δικός του, της
ris (une)	mouse	Maus	ratón	(το) ποντίκι
s	under	unter	debajo de	κὰτω (από)
	on	auf	encima de	πὰνω (από)
lle monte sur son âne	– She rides on her donkey	– sie steigt auf ihren Esel	– Se sube al burro	-καβαλικεύει τόν γάίδαρό της
re (le)	sugar	Zucker	azúcar	(η) ζάχαρη

T

e (une)	table	Tisch	mesa	(το) τραπέζι
e (une)	cup	Tasse	taza	(το) φλυτζὰνι
e (le)	chest	Oberkörper	tronco	(ο) θώρακας
ue (une)	tortoise	Schildkröte	tortuga	(η) χελώνα
jours	always	immer	siempre	συνεχώς
, toute	all	ganz	todo	όλος
lles sont toutes rouges	– They are all red	– Sie sind ganz rot	– Son todas rojas	-είναι ολοκόκκινα
'été tout doré	– A summer, all golden...	– der ganz goldene Sommer	– El verano dorado	-το καλοκαίριολόχρυσο
cteur (un)	tractor	Traktor	tractor	(το) τρακτὲρ
n (un)	train	Zug	tren	(τό) τραίνο
aillent (ils/elles)	see "travailler"	siehe "travailler"	ver "travailler"	δες « travailler »
ailler	to work	arbeiten	trabajar	δουλεύω
bien	very well	sehr gut	muy bien	πολύ καλά
te (il/elle)	see "trotter"	siehe 'trotter'	ver "trotter"	δες « trotter »
ter	to trot	trotten	trotar	περπατάω γρήγορα

U

he (une)	factory	Fabrik	fábrica	(το) εργοστάσιο

V

ances (les)	holidays	Ferien	vacaciones	(οι) διακοπές
he (une)	cow	Kuh	vaca	(η) αγελάδα
ours (le)	velvet	Samt	terciopelo	(το) βελούδο
dredi (le)	Friday	Freitag	viernes	(η) παρασκευή
ir	to come	kommen	venir	έρχομαι
t (le)	wind	Wind	viento	(ο) άνεμος
, verte	green	grün	verde	πράσινος
érinaire (un)	vet	Tierarzt	veterinario	(ο) κτηνίατρος
t (il/elle)	see "vouloir"	siehe "vouloir"	ver "vouloir"	δες « vouloir »
ux, vieille	old	alt	viejo	ηλικιωμένος, παληός
let, violette	purple	violett	violeta	βιολετί
lette (une)	a violet	Veilchen	violeta	(η) βιολέτα
lon (un)	violin	Geige	violín	(το) βιολί
ant, vivante	full of life	lebhaft, lebendig	lleno de vida	ζωντανός
abulaire (le)	vocabulary	Wortschatz	vocabulario	(το) λεξιλόγιο
ci	here is	hier ist/sind	esta es	ορίστε ! νά !
r	to see	sehen	ver	βλέπω
loir	to want	wollen	querer	θέλω
age	journey	Reise	viaje	(το) ταξίδι

Y

x (les)	eyes	Augen	ojos	(τα) μάτια

TABLE DES MATIÈRES

Imprimé en France par I.M.E. - 25110 Baume-les-Dames
Dépôt légal n° 2057-12/1995
Collection n° 36 - Edition n° 03
15/4791/8